Copyright© 2006 by Janet S. Fox.
Original edition published in 2006 by Free Spirit Publishing Inc., Minneapolis, Minnesota, U.S.A.,
http://www.freespirit.com, under the title: Get Organized Without Losing It.
All rights reserved under International and Pan-American Copyright Conventions.
Korean translation© 2015 by Good Dream Publishing Co.
Korean translation rights arranged with Free Spirit Publishing Inc. through Orange Agency.

이 책의 한국어판 저작권은 오렌지에이전시를 통해 저작권사와 독점 계약한 도서출판좋은꿈에 있습니다.
저작권법에 의해 한국 내에서 보호를 받는 저작물이므로 무단전재와 복제를 금합니다.

뒤죽박죽에서 멋지게 탈출하는 방법

별별문고 03
뒤죽박죽에서 멋지게 탈출하는 방법

1판 1쇄 인쇄ㅣ2015년 3월 11일
1판 1쇄 발행ㅣ2015년 3월 19일

지은이ㅣ재닛 S.폭스
옮긴이ㅣ여선미
펴낸곳ㅣ좋은꿈
펴낸이ㅣ이상배
마케팅ㅣ이주항
디자인ㅣ김수연

등록ㅣ제396-2005-000060
주소ㅣ경기도 고양시 일산동구 장백로 26, 103동 507호
　　　(백석동, 동문굿모닝힐 1차) (우)410-911
전화ㅣ031-903-7684 팩스ㅣ031-813-7683
전자우편ㅣleebook77@hanmail.net

ⓒ 좋은꿈 2015

ISBN 979-11-85903-07-1　73840

- ■ 책값은 뒤표지에 있습니다.
- ■ 저작인과의 협약에 따라 검인지는 붙이지 않습니다.
- ■ 잘못 만들어진 책은 구입한 서점에서 바꾸어 드립니다.
- ■ 이 책 내용의 일부 또는 전체를 인용하거나 다시 쓰려면
　반드시 출판사와 저작인의 허락을 얻어야 합니다.

뒤죽박죽에서 멋지게 탈출하는 방법

초등학생을 위한 정리 정돈 계획 안내서

재닛 S. 폭스 지음 | 여선미 옮김

좋은꿈

 # 차 례

즉석 퀴즈 . . . 10

한번 상상해 봐 . . . 12

정리를 위한 기본 용품 . . . 16
    너무 무거운 골칫거리 책가방 . . . 19
    정리에 필요한 준비물 목록 . . . 30

난장판 책상, 뒤죽박죽 사물함
그리고 심각한 엉망진창들 . . . 32
    난장판 책상을 살리자 . . . 34
    뒤죽박죽 사물함을 정리하는 방법 . . . 38
    잠깐 주목 . . . 41
    심각한 엉망진창들은 이렇게 하자 . . . 42
    정기적으로 확인을 하자 . . . 45

성적 향상을 위한 계획 . . . 46

플래너(일정 계획표)를 사용하라 . . . 47
플래너를 사용해야 하는 9가지 이유 . . . 50
시간 관리 계획 세우기 . . . 54
방과 후 시간표 . . . 60
숙제 계획 세우기 . . . 62
숙제 체크 리스트(점검 목록) . . . 64
집중력을 방해하는 상황은 이렇게 해 보자 . . . 73
학교 갈 준비를 위한 계획 . . . 76
가방이야 쓰레기통이야 . . . 79
장기 과제물 계획 세우기 . . . 81
장기 과제물 계획표 . . . 86
효과적인 학습을 위한 전략들 . . . 90
잠깐 주목 . . . 96
암기의 요령을 개발하기 . . . 97
정리된 상태 유지하기 . . . 102

정리를 하는 것은 정말 가치 있는 일일까? . . . 103

학부모와 선생님에게 드리는 글 . . . 106

정리 정돈을 잘하면
상상했던 것 이상의
자유 시간을 갖게 될 거야!

즉석 퀴즈

2. 학교 공부나 숙제에 필요한 책과 자료를 찾는 데 많은 시간을 허비하니?

9. 항상 뒤처지고 있다는 느낌이 드니?

1. 학교 책상이 난장판이야?

6. 학교 사물함이 뒤죽박죽이니?

7. 책가방이 혹시 블랙홀(모든 것이 빨려 들어가 사라져 버리는 우주 공간) 같니?

4. 단단히 마음먹고 집중하지 않으면 정신이 딴 데로 가 있니?

10. 학교 공부를 제시간에 끝내지 못해서 못 논 적이 있어?

5. 학교 공부나 숙제에 필요한 물건들을 끊임없이 잃어버리니?

3. 정리를 더 잘했으면 하고 원해?

8. 지금 이 퀴즈들이 순서대로 적혀 있니?

퀴즈에 대한 대답 중에 **"예."** 가 한 개 이상 있다면
이 책을 계속 읽어~.
지금 도움의 손길이 오는 중이야.

8번 질문에 **"아니오."** 라고 답했다면, 굉장해!
너는 물건들이 잘 정리되어 있는 때와 그렇지 못한 때를
정확히 알고 있어.

그래, 그게 시작이야.

한번 상상해 봐

 수업 종이 울리기 직전에 후다닥 자리에 앉았어. 그런데 선생님이 쪽지 시험을 본다고 하는 거야. 가방을 뒤져서 필통을 찾아냈는데, 연필이 달랑 한 자루 들어 있어. 그것도 연필심이 부러진 채로 말이야. 연필을 깎아야 하지만 그럴 시간이 없어.

 시험을 보는데, 3번 문제의 답을 바꾸고 싶어. 그런데 연필에 달린 지우개가 다 닳아서 답을 지운 자리가 시커멓게 됐어. 깨끗하게 하려고 안간힘을 쓰며 쓸데없는 시간 낭비를 해. 선생님이 "이제 그만!"을 외쳤지만, 아직 문제를 다 풀지도 못했어.

　이번엔, 선생님이 어제 내준 숙제를 제출하라고 하네. 책가방을 뒤지니 가방 속에는 꾸깃꾸깃한 종이들이 잔뜩 들어 있어. 하지만 이번에도 다른 건 다 있는데 숙제 노트만 없지 뭐야.
　식탁 위에 올려놨나? 아니면 침대 밑에 있나? 도무지 기억이 안 나. 어쨌든 너무 늦었어. 숙제를 안 냈으니 숙제 점수는 빵점이야.

방과 후에 친구들과 축구를 하고 집에 와서 텔레비전을 봐. 그리고 저녁을 먹고 나서 강아지랑 잠깐 놀아.

잠자기 한 시간 전쯤 방에 들어가지. 아무렇게나 팽개쳐 놓은 가방을 뒤집으니 물건들이 바닥으로 우르르 쏟아져. 그제야 과학 책을 깜빡한 게 생각나. 어떡하지? 내일이 시험인데. 그래도 뭐 수업 시간에 적어 놓은 게 있으니까.

쏟아져 있는 물건들 중에서 과학 공책을 찾아냈어. 그리고 그동안 필기한 것을 펴 보았는데, 어휴, 내가 쓴 글씨인데도 도저히 못 읽겠어.

멍하니 책상에 앉아 있다가 문득 생각했어.

'지금부터 시험공부를 해 보았자 소용없을 거야.'

결국 포기하고 자리에 누웠지. 하지만 너무 걱정이 되어서 잠도 안 와.

나쁜 소식은—결국 시험을 망친다는 거야.

좋은 소식은—이 책을 만났으니 이렇게까지 되기 전에 좋은 방법을 알게 될 것이라는 점이야.

다음 시험을 보기 전까지, 새로운 사람이 될 수 있어. 침착한 사람, 정리를 잘하는 사람, 아주 잘할 준비가 되어 있는 그런 사람 말이야.

> **잠깐!** 정리를 하라는 것은 정리하지 않고는 못 배기는 깔끔이가 되라는 말이 아니야. 뭔가를 찾느라고 정신없이 우왕좌왕하는 시간을 줄이자는 말이지. 그러면 그만큼 놀 수 있는 시간도 늘어날 거야.

정리를 위한 기본 용품

정리를 위해 커다란 가구가 필요한 건 아니야. 복잡한 컴퓨터 프로그램이나 달력이 내장된 스마트폰도 필요 없지.

"숙제해."

"도대체 가방에서 무슨 냄새가 나는 거야."

"이러다가 또 버스 놓친다."

이런 엄마의 잔소리가 정리를 잘하게 만들어 주는 것도 아니야.

너에게 **정말** 필요한 건 몇 가지 기본적인 용품들이야. 우선 **등하교** 때 챙겨야 할 것부터 시작하자.

수납 공간이 최소한 2개는 있는 책가방

매일 학교에 갈 때 챙겨야 하는 것들(실내화, 열쇠, 지갑, 또는 접는 우산 등)은 책을 넣는 공간에 함께 넣으면 복잡하겠지? 공책과 시험지, 교과서는 책을 넣는 공간에 넣고, 다른 물건들은 가방에 달린 주머니마다 넣는 곳을 정해 봐.

'열쇠는 항상 가방 맨 바깥쪽의 지퍼 달린 작은 주머니에 넣는다.'

이런 식으로 말이야.

책가방 밑바닥에서 뒹굴기 쉬운 작은 학용품들을 보관할 투명한 비닐 주머니

커다란 필통, 엄마의 화장품 주머니 혹은 잠글 수 있는 지퍼백 등을 써도 돼.

가방을 고를 때에도 생각해야 할 것들이 있어

 학교에 가는데 등산 가방을 메고 가면 좀 이상하겠지? 멋있다고 아빠의 테니스 가방을 들고 간다거나, 엄마의 예쁜 핸드백을 들고 가는 것도 우스운 일이야. 가방은 나의 학년에 맞게 적당한 크기와 모양을 갖춘 것이 좋아. 지퍼가 달린 주머니와 그물로 된 수납 주머니 등이 있다면 금상첨화일 거야.
 바퀴가 달린 큰 가방을 가지고 다니는 친구들도 있어. 무거운 책을 잔뜩 넣어도 아주 쉽게 걸어 다닐 수 있기 때문이야. 그런데 어떤 선생님은 바퀴 달린 가방을 아주 싫어해서 금지하는 경우도 있어. 바퀴 달린 가방을 끌고 뛰어가다가 걸려 넘어질 수도 있고, 복도나 교실에서 가방을 끌고 다니면 무척 시끄럽기 때문이야. 그런 특이한 가방을 사기 전에 선생님께 확인을 해 보는 것도 좋겠지.

너무 무거운 골칫거리 책가방

책가방이 몸무게만큼이나 무겁니?

매년 수백 명의 아이들이 무거운 책가방 때문에 다친다고 하지. 전문가들은 책가방 무게가 몸무게의 10퍼센트 이상 되면 안 된다고 말해. 다시 말하면, 몸무게가 40킬로그램일 때 책가방이 4킬로그램을 넘으면 몸에 무리가 온다는 말이야.(가방이 텅 비었을 때 말고, 꽉 찼을 때.)

어떤 아이들은 25킬로그램이 넘는 가방을 메고 다녀. 허리가 아프고, 목에 디스크가 오고 또 어깨에 통증이 생기는 건 너무도 당연해. 이런 통증 때문에 아이들이 학교나 스포츠 활동을 빼먹는 경우도 종종 생기지.

그러니까 가능한 가볍게, 정말 필요한 것만 가지고 다녀. 그날그날 필요 없는 물건들은 가방에서 꺼내 놓는 게 좋아. 장난감이나 만화책은 가방에 넣고 싶은 충동이 생겨도 꾹 참아야 해. 그리고 가방을 한쪽 어깨에만 메는 것이 멋있어 보여도 절대 그러면 안 돼. 척추가 휘어서 어른이 되었을 때 멋진 몸매를 가질 수 없게 될 수도 있어.

양쪽 어깨끈에 가방 무게가 균등하게 분배되도록 단정하게 메는 것이 가장 좋은 방법이야. 어깨끈을 조절해서 책가방의 무게 중심이 등 정가운데에 오도록 해. 그곳의 근육이 가장 강하거든. 허리에 매는 끈이 달려 있는 가방이라면, 그것도 함께 매 주는 게 도움이 될 거야.

잠깐! 가방 속 물건들 중에 가장 무거운 것은 교과서이지. 무거운 교과서를 가방에 넣고 다니는 것이 문제라면, 그날 숙제(또는 주말 공부)에 필요한 책만 집에 가지고 오면 되겠지. 과학 숙제가 없다고? 그렇다면 과학 책은 사물함에 두고 와.

숙제가 많거나, 공부를 열심히 하기 위해서 교과서를 늘 가지고 다녀야 한다면 부모님께 말씀드려. 교과서를 한 권씩 더 마련해서 사물함에 두고 다니면 가방이 가벼워지겠지.

숙제 파일

양쪽에 포켓이 있는 파일이면 어느 것이든 좋아. 왼쪽은 해야 하는 숙제 주머니야. 견출지에 '집'이라고 써서 붙여. 오른쪽은 다 한 숙제를 위한 주머니이고. '학교'라고 써서 붙이는 거야.

> 두꺼운 종이와 테이프 혹은 스테이플러로 숙제 파일을 만들 수도 있어.

포켓 파일

깨끗한 종이를 넣어 가지고 다니는 데 사용할 거야. 책가방 안에 종이를 그냥 집어넣으면, 꾸깃꾸깃해져서 다 먹고 버린 샌드위치 포장지처럼 보일 거야.

> 커다란 컬러 마분지 한 장을 반으로 접어 양쪽 가장자리를 스테이플러로 고정하면 아주 훌륭한 포켓 폴더가 만들어져.

진짜 좋은 바인더*

제일 좋은 것은 딸칵 하고 열고 닫는 잠금 고리가 있는 바인더야. 바인더는 바닥에 떨어뜨려도, 그 안에 있던 것들이 밖으로 쏟아져 나오지 않기 때문이지.

바인더 중에는 투명한 비닐로 된 클리어 속지가 들어 있는 종류도 있어. 클리어 속지는 과제물 프린트나 숙제 체크 목록을 넣는 데 사용할 수 있어.

***바인더**란 신문, 잡지, 서류 따위를 한데 모아 매어 꽂는 장치를 말해. 문구점에서 구입할 수 있어.

바인더를 구입하기 전에 참고해야 할 것들

　바인더가 클수록 좋은 건 아니야. 너무 크면 책상 서랍에 넣기도 힘들고, 큰 바인더에 이것저것 모두 쑤셔 넣다 보면 점점 더 무거워져서 역도 선수가 아니라면 들고 다니지도 못하게 될 거야. 가벼운 종이 파일도 있어. 학교에서 바인더를 정해 주는 경우도 있으니 잘 알아본 후에 구입하는 게 좋겠지!

바인더를 정리하는 데 필요한 것들

♥ 과목별 속표지

다양한 색깔의 속표지를 이용하면 바인더에서 필요한 것을 쉽게 찾을 수 있어. 반드시 과목별로 꼬리표를 붙이도록 해. 국어, 수학, 과학, 사회, 영어 등등. 또한 각 과목은 단원별로 나눌 수도 있어.

잠깐! 추가로 나만의 참고 자료 부분을 만들어도 좋아. 자주 틀리는 단어, 수학 공식, 국어 맞춤법, 참고 목록 및 기타 학습에 도움이 되는 것들을 모아 놓는 거지.

♥ 연필을 넣을 지퍼 달린 주머니

잘 깎은 연필 두세 자루, 지우개, 짧은 자를 넣을 정도의 크기여야 해. 바인더 링에 잘 맞도록 가장자리에 미리 구멍을 뚫어 놔.

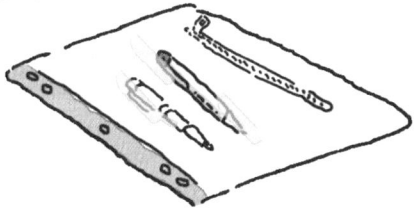

♥클리어 속지

　투명한 비닐 속지는 학교에서 받은 중요한 프린트나 종이에 얼룩이 생기거나 젖거나 찢어지지 않게 보호해 줘. 선생님이 월 수학 과제 복사물을 나누어 주었다면, 클리어 속지에 끼워 놔. 세계 지도를 나라별로 공들여 열심히 색칠했다면 그것도 역시 클리어 속지에 넣어 놔.

♥2포켓 3공 파일

　함께 묶어서 정리해야 하는 프린트들이 아주 많을 때도 있어. 그럴 때 이 파일이 필요해. 과목별 속표지와 마찬가지로 파일을 색깔별로 사용하면 편리하지.

　잠깐! 과목별 속표지와 과목별 폴더의 색을 서로 똑같게 하면 훨씬 통일성 있는 정리가 되겠지.

♥휴대용 3공 펀치

　선생님이 너무 바빠서 프린트에 구멍을 뚫지 않고 나누어 주었을 때 매우 유용하게 쓰여.

교실 안에서 쓰는 기본 학용품들도 함께 모아 둘 필요가 있어. 예를 들어 연필, 지우개 및 기타 작은 학용품들 말이야. 이런 **학용품들을 넣어 둘 작은 상자**도 필요해. 문구점에서 적당한 크기로 나온 학용품 상자를 구입할 수 있어.

집에 굴러다니는 작은 상자를 하나 골라서 예쁘게 꾸밀 수도 있어. 그렇지만 아무 상자나 하나 골라서 만들면 되는 것은 아니야. 학교 책상 서랍 안에 쏙 들어가는지, 그리고 학용품들을 모두 넣을 수 있는지 확인해야 해.

상자 안에 들어갈 것들

　대부분이 학생들에게 필요한 학용품들이야. 선생님께 보여 주고 준비해야 할 다른 것이 또 있는지 확인해.

- 지우개가 달린, 깎은 연필 네다섯 자루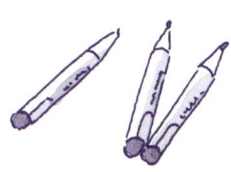

- 지우개

- 미니 연필깎이

- 가위

- 짧은 자

- 물풀 또는 딱풀

- 수정 테이프

- 클립

- 미니 스테이플러

- 형광펜

- 색연필

필요한 학용품 구입하기

 신학기가 되거나, 어떤 물건을 다 쓰고 나면 새 학용품을 구입하는 경우가 생겨. 그런데 학용품을 구입할 때 무조건 문구점으로 가서 보이는 대로 손에 집어 들면 어떻게 되겠니? 집에 와서 보면 정작 필요한 물건은 사 오지도 않았고, 어떤 것들은 있는데도 또 구입해서 책상 서랍에 지우개만 서너 개씩 굴러다니는 경우도 있어.

 학용품을 구입할 때도 정리와 계획이 필요해.

 자, 그럼 학용품 구입 계획을 세워 볼까?

　우선 다음 페이지에 있는 구입 목록을 복사해. 그리고 나의 현재 학용품 상태를 확인해. 연필은 몇 자루나 있는지, 지우개는 다 닳아 작은 쪼가리만 남아 있는 것은 아닌지, 색연필은 무슨 색이 남아 있는지 등등.

　이미 가지고 있는 물건에 표시를 해. 여분의 빈 줄에는 필요한 다른 물품들을 적어 넣어.(이 목록에는 우리가 아직 얘기하지 않은 용품들도 몇 가지 있어.)

　부모님에게 목록을 보여 주고 학용품 구입을 도와 달라고 부탁해. 목록을 가지고 문구점에 가. 모든 것을 한 번에 구할 수 없다면, 일단 목록을 차근차근 살펴보고, 살 수 있는 것부터 하나하나 구입하도록 해.

정리에 필요한 준비물 목록

- ☐ 가위
- ☐ 짧은 자
- ☐ 풀풀이나 딱풀
- ☐ 수정 테이프
- ☐ 클립
- ☐ 작은 스테이플러
- ☐ 형광펜
- ☐ 색연필

- ☐ 수납공간이 적어도 2개 있는 책가방
- ☐ 투명한 비닐 주머니
- ☐ 숙제 파일
- ☐ 포켓 폴더
- ☐ 3공 바인더
- ☐ 과목별 속표지
- ☐ 연필 넣을 지퍼 달린 주머니
- ☐ 클리어 속지

- ☐ 2포켓 3공 파일
- ☐ 휴대용 3공 펀치
- ☐ 작은 학용품 상자
- ☐ 깎은 연필 10자루 (필통에 몇 자루, 학용품 상자에 몇 자루)
- ☐ 지우개 2개
  (필통에 하나, 상자에 하나)
- ☐ 작은 연필깎이 2개
  (필통에 하나, 상자에 하나)
- ☐ 플라스틱 수납 서랍
- ☐ 플래너
- ☐
- ☐
- ☐
- ☐
- ☐
- ☐

난장판 책상, 뒤죽박죽 사물함 그리고 심각한 엉망진창들

다음 세 가지 중 너는 어디에 해당하니?

1. 내 책상과 사물함은 깨끗하게 정리가 되어 있다. 모든 것이 제자리에 있어서 필요한 것은 언제든지 찾을 수 있다.

2. 내 책상과 사물함은 조금 지저분하다. 필요한 것을 찾는 데 시간이 조금 걸린다.

3. 내 책상은 난장판이고, 사물함은 뒤죽박죽이다.

1번을 골랐다면

이 부분은 안 읽고 그냥 넘겨도 괜찮아. 자전거를 타거나, 음악을 듣거나, 책을 읽거나, 친구에게 전화를 걸어 수다를 떨거나 아니면 잠을 자도 돼.

2번이나 **3번**을 골랐다고?

그럼 가만히 앉아서 이 책을 계속 읽어 보렴.

난장판 책상을 살리자

책상은 쓰레기통이 아니야

코 푼 휴지를 책상 서랍에 쑤셔 넣는 건 간단하지.(윽, 더러워!) 그렇지만, 휴지통에 던지는 게 더 나아.

책상은 숙제 파일이 아니야

숙제를 책상 서랍에 처박아 놓느니 차라리 딱지를 접는 게 낫지. 즉시 숙제 파일에 넣어.

책상은 냉장고가 아니야

책상 서랍에다 음식을 넣지 마. 곰팡이가 끼고 썩어서 퀴퀴한 냄새가 날 때까지 아마 까맣게 잊고 있을걸.

청소부터 시작하자. 빨리 서랍 속을 살펴봐. 쓰레기는 버려. 중요한 종이들은 제자리를 찾아 주고. 바인더나 숙제 파일에 말이야.

매주 또는 매일 책상 청소를 하게 하는 선생님도 있지. 그렇지 않은 경우에는 스스로 몇 분 정도 너만의 청소 시간을 정해 두렴. 금요일은 마음먹고 청소를 하기에 좋은 날이야. 그렇게 하면 월요일 아침에 학교에 왔을 때, 깨끗하게 잘 정리된 책상에 앉게 될 거야.

깜짝 놀라서 네 책상이 아니라고 생각할지도 몰라.

Q: 난장판 책상을 창의적인 정신의 표현이라고 말하는 사람들이 있어요. 어떤 사람들은 정신이 산만하기 때문이라고 하죠. 깨끗하게 정리된 책상을 보고는 정리벽이 있다고 하는 사람도 있어요. 누가 옳고 누가 그른가요?

A: 뭐면 어때? 중요한 것은 너한테 어떤 것이 좋으냐는 거야. 하지만 대다수의 사람들에게 지저분한 책상은 많은 시간 낭비를 초래하지.

뒤죽박죽 사물함을 정리하는 방법

뉴스 속보!

사물함 문을 열던 학생,
사물함에서 떨어진 물건에 깔려 크게 다침.

임시 속보!

사물함 문을 열던 학생,
오랫동안 처박아 두었던 체육복의 썩은 냄새에 기절함.

무슨 말을 하려는지 알겠니? 사물함도 책상과 마찬가지로 쓰레기통이나 냉장고가 아니야. 사물함은 더러워진 옷을 넣어 두는 빨래통도, 대형 쓰레기통도 아니고, 모든 잡동사니들을 모아 놓는 창고도 아니지.

사물함은 교실에서 수업을 듣는 동안 책과 학용품, 준비물 등 학교 생활에 필요한 물건들을 보관하는 곳이야.

책가방이 있는데 사물함이 왜 필요하냐고?

매일 혹은 이따금씩 필요한 물건인데, 집에 가지고 다니지 않아도 되는 물건들이 있어. 예를 들면, 휴지나 물티슈, 칫솔, 치약, 양치 컵과 같은 개인 물품들 말이야. 그리고 음악 시간에 사용하는 악기, 체육 시간에 사용하는 줄넘기 등 수업에 필요한 물건들을 넣어 두기도 하지.

사물함 정리의 첫 단계

사물함도 책상과 마찬가지로 **청소**부터 시작해 봐. 수업에 필요한 물건 외에는 전부 치워 버리자. 먼지가 부옇게 붙은 막대기가 연필인지 친구가 한 달 전에 준 막대 과자인지 알아보려면 그것을 깨물어 보는 수밖에 없겠지?

의심스러우면 과감히 버려라.

사물함에 도대체 무엇을 넣고 어떻게 정리해야 하는지 모르겠니? 외국의 많은 학생들은 다음과 같은 사물함 정리 용품들을 사용해서 정리를 해.

- ♥ 사물함 선반
- ♥ 자석 고리
- ♥ 자석 파일 홀더
- ♥ 플라스틱 수납 서랍

우리나라 사물함은 너무 작은데?

외국의 학교는 커다란 사물함이 있는 경우가 많아. 목욕탕이나 수영장 탈의실에 있는 그런 사물함 말이야. 그에 비해 우리나라 학교의 사물함은 책꽂이 한 칸 정도 크기의 작은 상자이지. 그래서 더욱 정리를 잘해야 해. 사물함 정리에 어떤 물건이 필요할지 한번 생각해 봐. 예를 들면, 선반을 만들지는 못해도 책을 가지런히 세워 놓을 수 있게 해 주는 작은 칸막이('북엔드'라는 것인데, 문구점에서 구입할 수 있어)는 매우 유용할 거야.

잠깐 주목!

책상이나 사물함이 어수선한 것이 꼭 네가 게으르기 때문이라고 할 수는 없겠지. 다른 고민 때문에 정리 같은 것을 생각할 여유가 없을 수도 있어.

수업 내용이나 선생님 말씀에 집중하는 게 어려울 수도 있고, 선생님이 무슨 말을 하는지 이해하지 못할 수도 있어. 칠판의 글씨를 잘 읽을 수 없어서 그럴지도 몰라.

학업 성적이 너무 뒤처져 있어서 절대 다른 친구들을 따라잡을 수 없을 거라고 생각하고 있을 수도 있고. 아니면 집안일 때문에 학교생활에 집중을 못하는 것일 수도 있어.

잠깐! 뒤죽박죽 사물함이나 어수선한 책상보다 더 큰 고민거리가 있다면, 네가 신뢰할 만한 어른과 상의해. 부모님이나 가족 중 다른 어른이나 네가 좋아하는 선생님도 좋아. 학교에 상담 교사가 있다면, 상담 선생님에게 고민을 털어놔. 학교 상담 선생님은 너의 말을 잘 들어줄 거야.

심각한 엉망진창들은 이렇게 하자

책상, 그리고 사물함과의 전쟁을 끝냈다면 책가방과 바인더 청소는 누워서 떡 먹기야.

책가방과 바인더는 집에서 정리하는 것이 제일 좋아. 개인적인 물건들을 학교에서 정리할 필요는 없잖아. 학교에서는 시간도 충분치 않을뿐더러 선생님과 친구들도 보고 있어. 사소한 부분이기는 하지만 너의 지저분한 비밀, 음 그러니까 너의 어수선한 마음을 보여 줄 필요는 없잖아.

책가방부터 시작하자.

책가방은 **생물학적 위험 요소***가 발생하기 쉬운 곳이야.

1. 우선 호기심 많은 애완동물이나 어린아이들이 네 방에 못 들어오게 해.(이건 그들의 안전을 위해서야.)

2. 그다음, 책가방을 거꾸로 뒤집어 안에 있는 것들을 방바닥에 쏟아 내. 탈탈 털고 흔들어서 바닥에 붙어 끝까지 떨어지지 않는 끈적끈적한 것들까지 다 나왔는지 꼭 확인해.

3. 이제 쓰레기를 골라내. 여기저기 돌아다니는 종이는 뭔지 잘 살펴서 제자리에 정리해. 굴러다니는 연필은 잘 깎아서 필통에 넣고.

4. 혹시 쓰레기 더미에서 뭔가 꾸물꾸물 기어 나오면 얼른 손으로 때려잡아. 씹다가 버린 껌이 가방 안쪽에 달라붙어 있을 수도 있으니 잘 살펴봐야 해.

***생물학적 위험 요소**란 너의 몸과 환경에 아주 해로운 것을 뜻해. 작년 소풍 때 싸 가지고 갔다가 가방에 그대로 방치한 김밥과 같은 것이라고나 할까?

　책가방이 깨끗하게 정리됐니? 그럼 이제 **바인더**를 정리하자. 이제 정리는 일도 아니야. 너는 이미 방법을 알고 있는 전문가야. 골라내고, 버리고, 제자리에 두는 거지.
　다 끝냈으면 축하의 하이파이브! 너는 정말 많은 일을 해냈어. 앞으로 이보다 더 힘들고 어려운 일은 없을 거야. 만약 네가 다시 옛날 모습으로 되돌아가지만 않는다면 말이야. 규칙적으로 체크하는 습관을 기른다면 절대 그렇게 될 리 없지.

정기적으로 확인을 하자

입을 크게 벌리고 **"아아아~."** 목청을 가다듬어. 준비됐니? 그럼 아래 내용을 큰 소리로 읽어 봐.

1. 매일, 숙제를 하기 전에 책가방에 있는 것들을 다 꺼내서 골라내고, 버리고, 제자리에 두자.

2. 매주, 책상과 사물함을 청소하자.

3. 매주 혹은 2주마다, 학용품 상자를 확인하자. 집으로 가져와서 부모님에게 새로 채워 넣는 것을 도와 달라고 부탁하자.

4. 2주마다 한 번씩, 바인더를 살펴보자. 더 이상 필요 없거나 없어도 되는 것들은 과감히 버리자. 예전에 받은 프린트나 퀴즈, 시험지는 집에 잘 보관하자. 앞으로 언젠가 필요할 경우를 대비해서. 봐도 뭔지 잘 모르겠는 프린트는 부모님에게 어떻게 해야 하는지 여쭤 보자.

성적 향상을 위한 계획

자, 책상, 사물함, 책가방 그리고 바인더 청소와 정리를 다 끝냈어. 모든 것이 제자리를 찾았지. 필요할 때 언제든지 필요한 것을 찾을 수 있어.

이제 너는 학업 성적을 올리기 위한 계획을 세울 준비가 됐어. 그러기 위해서는 몇 가지 새로운 도구와 전략이 필요해.

모두 다 정리하고 청소한 거 **맞지**, 그렇지?

플래너*(일정 계획표)를 사용하라

계획을 세우기 위해서는 **플래너**가 필요해.

플래너는 그 종류와 수가 무척 많아. 사무용품점에 가서 한 번 찾아봐.

아니면 인터넷에서 '플래너'를 검색해 봐. 플래너의 견본 양식을 다운받을 수 있게 해 놓은 웹 사이트도 있어. 지금 프린트해서 사용해 보자. 아니면 플래너를 너만의 방식으로 새롭게 만들 수도 있어.

***플래너**란 앞으로 할 일의 순서나 방법 등에 대한 계획을 세워 정리하도록 만든 공책이나 수첩을 말해. 다이어리라고 부르기도 하지.

이렇게 다양한 플래너들이 있어.

♥ 월간 계획 플래너는
양쪽으로 펼쳐진 한 면에
한 달씩 있어.
(내용을 적을 공간이
많이 없지.)

♥ 주간 계획 플래너 는
펼쳐진 한 면에 일주일이
표시되어 있어.
대부분의 학생들이
사용하고 있는 거지.

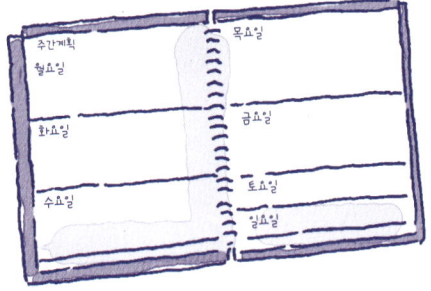

♥ 하루가 양쪽 면을 차지하는 일일 계획 플래너는
하루 일과나 일기를 쓰는 데
아주 좋아.

빈 공간에 요일과 날짜만 있는 플래너가 있어. 그리고 과제물 노트처럼 과목별 과제가 끝났을 때 확인하는 칸이 있는 플래너도 있지.

집에 가져오거나 학교에 가져갈 물건을 적고, 주간 목표, 장기 과제물, 선생님과 부모님의 의견이나 메시지 등 적어 넣을 수 있는 플래너도 있으니 자신에게 맞는 플래너를 선택하도록 해.

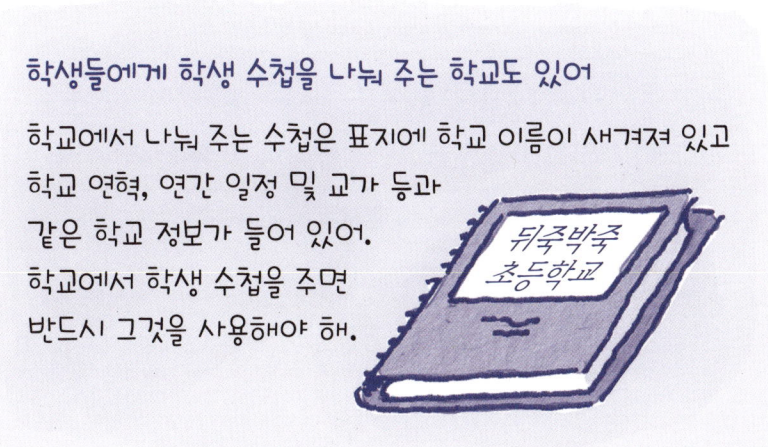

학생들에게 학생 수첩을 나눠 주는 학교도 있어

학교에서 나눠 주는 수첩은 표지에 학교 이름이 새겨져 있고 학교 연혁, 연간 일정 및 교가 등과 같은 학교 정보가 들어 있어. 학교에서 학생 수첩을 주면 반드시 그것을 사용해야 해.

플래너를 사용해야 하는 9가지 이유

1. 플래너는 가지고 다니기 편하다

등하교 때 책가방에 넣어 가지고 다닐 수 있어.

2. 플래너는 절대 잊지 않는다

사람의 머리와는 달리, 플래너는 까먹지 않아. 기록한 내용이 사라질 일이 없지.

3. 플래너는 약속이 이중으로 잡히지 않게 해 준다

친구가 다다음 주 토요일에 스케이트를 타러 가자고 한다면, '그래!' 하고 대답하기 전에 플래너를 확인해. 이런, 그날 부모님과 영화 구경 가기로 되어 있어!

4. 플래너에는 중요한 정보가 모두 있다

이제 공책 한구석을 찢어서 메모하는 일은 없을 거야. 손바닥에 적었다가 가장 중요한 부분이 땀에 지워지는 일도 없겠지.

5. 플래너는 언제 무엇을 해야 하는지 알려 준다

더 이상 네 인생에 부모님이나 선생님, 혹은 다른 어른들은 없어도 될 거야.(농담이야, 하하!)

6. 플래너는 중요한 과제들을 놓치지 않게 도와준다

네가 해야 하는 일들을 모두 적어. 그러면 숙제나 과제물 제출일을 잊지 않을 거야.

7. 플래너는 목표 달성을 돕는다

큰 목표를 단계별로 나누어 플래너에 적어. 그런 다음, 한 번에 한 단계씩 끝내. 그렇게 하면 너도 모르는 사이에 네가 정한 목표에 도달해 있을 거야.

8. 너만의 플래너를 만들어 쓸 수 있다

플래너에 숙제나 준비물 같은 단순한 것만을 적어 놓기도 해. 또는 주소나 읽고 싶은 책, 보고 싶은 영화, 일기, 희망과 꿈 등에 대한 너의 생각을 적을 수도 있지. 또 뭐가 있을까? 무엇을 적든 그건 네 맘이야.

9. 플래너는 머릿속을 자유롭게 해 준다

플래너에 잊지 말아야 하는 많은 일들을 적을 때, 진짜로 그 많은 일들을 다 기억할 필요는 없어. 딱 **한 가지**만 기억하면 돼. '플래너를 보는 것' 말이야.

플래너 사용 요령과 비법을 한 번 따라 해 봐.

♥ 숙제나 여러 활동들로 특히 바쁘다면, **일일 계획 플래너**를 사용해. 그렇게 바쁘지 않다면 **주간 계획 플래너**를 이용해.

♥ 처음 플래너를 마련했다면, 시간을 들여 꼼꼼히 확인해. 그리고 어떻게 사용할지 정해. 장기 과제물은 어디에 적을 거니? 방과 후 활동은? 꼭 이루고자 하는 목표는 어떻게 기록할 거니? 플래너를 너에게 맞춰 설정해. 너만의 **맞춤 플래너**를 만드는 거야.

♥ 볼펜 말고 꼭 **연필**로 적어. 그래야 수정할 때 지저분하게 선을 긋지 않고, 지우개로 지우고 새로 쓸 수 있어.

♥ 정말로 중요한 일이나 날짜는 **형광펜**으로 칠하거나 **별 스티커**를 붙여.

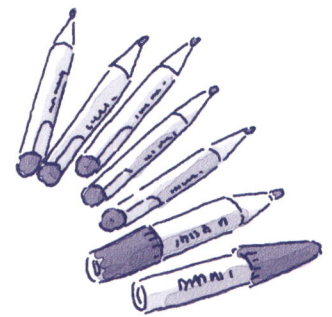

♥ 과목이나 활동별로 다른 색깔의 형광펜이나 색연필로 표시해.

♥ 기억해. 일만 하고 놀지 않으면 인생은 지루하고, 지루하고, 지 루 하 다 는 걸. 재미있는 놀이 시간, 쉬는 시간, 친구나 가족들과의 특별한 시간을 위한 여유 시간을 반드시 남겨 둬야 해. 그런 시간들도 플래너에 적어.

♥ 아침에 일어나서 제일 먼저 플래너를 확인해. 그날 무엇을 챙겨 가야 할지 알게 될 거야.

♥ 밤에 자기 전에 마지막으로 플래너를 확인해. 내일을 준비한 듯한 기분을 느끼면서 자게 될 거야.

시간 관리 계획 세우기

플래너를 보면 매일 어떤 일을 하며 지내는지 알 수 있어. 지금부터는 한꺼번에 **너무 많은** 일을 하지 않을 방법을 찾아보자.

학교에서 보내는 시간은 이미 정해져 있어. 매일 같은 시간에 등하교를 하니까. 점심시간도 매일 똑같아. 수학 시간, 과학 시간, 교실에 있어야 하는 시간도 모두 알고 있지.

학교 외에서의 활동 시간이 이미 정해져 있는 학생들도 있을 거야. 주중에 운동이나, 스카우트 활동, 음악 교습, 그리고 꼭 가야 할 곳이 있을 수도 있지.

시간 관리를 잘 하니? 시간을 현명하게 쓰니, 아니면 낭비하니? 책상, 사물함, 책가방과 바인더를 깨끗이 청소하고 정리했으니까 이전보다는 시간을 훨씬 **덜** 낭비할 거야. 더 이상 여기저기 뒤지며 물건 찾을 일이 없기 때문이지.

공간을 잘 관리하고 활용하는 것만큼 **시간**도 잘 관리하고 활용해야 해.

종이에 평일 방과 후 보통 하는 일이 뭔지 목록표를 만들어 봐. 아래 표와 비슷하겠지.

나의 활동	예상 시간	실제 걸린 시간
수영 강습		
휴식		
간식		
TV 시청		
책 읽기		
친구랑 놀기		
숙제 준비		
식사 준비 돕기		
저녁 식사		
설거지 돕기		
TV 시청		
숙제		
컴퓨터 게임		
취침 준비		

목록표를 만들었으면, 활동 칸에 적어 놓은 일을 하는 데 시간이 얼마나 걸릴지 **예측해 봐**. 그리고 예상 시간을 적어.

나의 활동	예상 시간	실제 걸린 시간
수영 강습	45분	
휴식	10분	
간식	5분	
TV 시청	20분	
책 읽기	10분	
친구랑 놀기	15분	
숙제 준비	5분	
식사 준비 돕기	5분	
저녁 식사	20분	
설거지 돕기	20분	
TV 시청	30분	
숙제	60분	
컴퓨터 게임	10분	
취침 준비	10분	

다음 날, **실제로** 걸린 시간을 기록해. 예상 시간과 실제로 걸린 시간을 비교해 보렴.

어때?

생각보다 TV를 더 오래 보니? 컴퓨터 게임은 한 시간 하는데 숙제는 고작 10분만 하니?

어떻게 하면 시간을 효율적으로 잘 쓸 수 있을까? 이 질문에 대한 답은 부모님의 도움이 필요할 거야.

다음 페이지에 있는 방과 후 시간표를 복사해. 부모님과 같이 주중에 네가 도울 집안일, 꼭 해야 할 일과 활동 등을 적어. 할 일을 적은 칸은 색연필로 연하게 칠해.

시간	월요일	화요일	수요일	목요일	금요일
2:30-3:00	집으로 이동, 방과 후 활동				
3:00-3:30	피아노 레슨	태권도		태권도	
3:30-4:00	이동 시간				

아무것도 적혀 있지 않고 비어 있는 칸은 어느 요일, 어떤 시간에 숙제나 학교 공부를 할 수 있는지, 더불어 언제 자유 시간을 가질 수 있는지를 보여 주지. 자 이제, 숙제와 공부 시간을 먼저 정하고 그다음 자유 시간을 정하자.

*절대 순서를 바꾸면 안 돼. 자유 시간을 먼저 정하는 계획은 없단다.

방과 후 시간표

시간	월요일	화요일	수요일	목요일	금요일
2:30-3:00	집으로 이동, 방과 후 활동				
3:00-3:30					
3:30-4:00					
4:00-4:30					
4:30-5:00					
5:00-5:30					

						책가방 싸기, 취침 준비, 밤새 잘 자기!
5:30-6:00						
6:00-6:30						
6:30-7:00						
7:00-7:30						
7:30-8:00						
8:00-8:30						
8:30-9:00						

이 시간 계획표를 참고해서 실제 자신의 시간 계획표를 세워 본다.

숙제 계획 세우기

숙제나 공부를 언제 할 수 있는지 이번엔 그 시간을 최대한 활용하는 방법이야.

숙제 체크 리스트를 이용해

페이지 64-65에 나와 있는 체크 리스트를 복사해서 사용해. 복사한 종이는 숙제 파일 앞에 스테이플러나 클립으로 붙이거나 바인더 클리어 속지에 끼워. 매주 새로 복사해서 사용해.

숙제 파일은 책상 위에 올려놔. 체크 리스트를 보고 그날 집에 가지고 가야 하는 게 무엇인지 다시 한 번 확인해. 마지막으로 선생님께 목록을 확인해 달라고 부탁드려.

매일 정해진 시간에 숙제를 해

학교에서 돌아오자마자 숙제를 하는 학생도 있고, 우선 신 나게 놀고 나중에 숙제를 하는 아이들도 있어. 너에게는 어떤 방법이 가장 효과적이니?

부모님이나 어른들과 진지하게 상의해 봐. 그런 다음 숙제시간을 정해. 매일 숙제를 할 시간을 정하는 것이지. 어떤 날에는, 뜻하지 않은 약속이나 일로 시간을 조정해야만 할 수도 있어. 그렇더라도 꿋꿋하게 매일 같은 시간에 숙제를 한다면 그것이 제일 좋아.

> **잠깐!** 숙제가 없는 날에는 숙제 시간에 신 나게 놀면 된다고? 그렇지 않아. 그런 날에는 숙제하는 시간을 공부하는 시간으로 활용해. 책을 읽거나, 수학 공식이나 영어 단어를 외워. 아니면 장기 과제물을 해도 좋아.

숙제 체크 리스트 (점검 목록)

숙제하는 데 필요한 것들	월요일	화요일	수요일	목요일	금요일
플래너					
숙제					
선생님 확인					
교과서					
익힘책					
연습 문제지/복사물					

공책	부모님 확인이 꼭 필요한 특별 조사지, 확인서, 안내문	기타	기타	기타	

Q: 숙제를 하는 데 매일 얼마나 많은 시간을 써야 하나요?

A: 매 학년마다 약 10분씩 늘어난다고 보면 돼. 다시 말해서, 네가 3학년이면 매일 숙제하는 데 30분 정도를 써야 해. 4학년이면 약 40분, 6학년이면 약 한 시간 정도가 필요하지.

숙제가 없어도 안 되지만 많아도 문제야. 만약 숙제를 하는 데 항상 몇 시간씩 걸린다면 부모님에게 선생님을 만나서 상담을 해 달라고 부탁해. 숙제에 시달리면 안 되거든.

단, 숙제가 너무 많아서 오래 걸리는 경우에만. 숙제하다 말고 게임하고, 간식 먹고, 텔레비전을 보고 와서 다시 숙제를 하면서 오래 걸린다고 하면 안 돼!

정해진 장소에서 숙제를 해

어느 날은 부엌 식탁에서 숙제를 하고, 다음 날에는 거실 바닥에서, 그리고 그다음 날에는 제일 좋아하는 TV 만화 영화 주제가를 따라 부르면서 하고? 안됐지만 이런 건 좋지 않아. 가능하다면 매일 같은 장소에서 숙제를 하는 게 좋지. 시끄럽거나 거슬리는 것 없이 공부할 수 있는 조용한 장소 말이야.

네 방에 책상이나 테이블이 있다면, 그리고 너만의 방이 있다면 아주 좋아. 그렇지 않다면 부모님이나 어른들께 조용히 공부할 수 있는 공간이 필요하다고 말씀드려.

그곳이 어디가 되었든 숙제를 하는 공간에 필요한 것들에 대해 말해 보자.

♥ 허리를 지지해 주는 편한 의자

소파나 푹신한 의자에 편하게 앉아 책을 읽는 것은 아무래도 좋아. 하지만 숙제를 할 때는, 정말로 똑바로 앉아야 해. 거기다 반드시 네 키에 딱 맞는 의자여야 해. 그래야 양쪽 발이 바닥에 닿아서 책상 위로 등을 구부리지 않고 공부할 수 있어.

♥ 밝은 빛

밝은 형광등 빛이 좋아. 어깨 위에서 내리비추는 밝은 스탠드 불빛은 더 좋아.

♥ 학습용품

학교에서 사용하는 학용품들(종이, 연필, 연필깎이, 지우개, 가위, 자, 풀, 수정 테이프, 클립, 색연필 등)과 기타 학습용품(계산기, 삼각자, 컴퍼스 등). 이런 학습용품들을 작은 플라스틱 상자에 보관해 놓으면 숙제가 끝난 후 다시 잘 넣어 정리할 수 있겠지?

● **국어사전, 유의어 사전 및 사회과 부도나 백과사전**

공부나 숙제에 필요한 참고 자료들을 모아 두도록 해.

● **작은 화이트보드와 마커펜**

보통 종이를 대신해서 사용하면 좋아. 예를 들어, 수학 문제를 풀어 답을 구할 때, 또는 그날 해야 하는 숙제를 적어 둘 때 등등. 숙제를 하나씩 끝낼 때마다, 보드에 적은 것을 하나씩 지우는 거야.

● **큰 플라스틱 파일함, 커다란 바인더 혹은 플라스틱 서랍**

노트 필기, 프린트, 예전에 본 시험지 등 지금 당장 필요하지 않은 종이류를 모아 둬. 한 학년이 끝날 때, 한 해 동안 무엇을 배웠는지 알 수도 있고 기말 시험을 대비하는 유용한 자료가 될 거야.

● **쓰레기통**

종이봉투도 나쁘지 않아. 네가 반쯤 남은 주스 병이나 축축한 과일 껍질을 던져 넣지 않는다면 말이야.

Q: 어떤 숙제부터 먼저 해야 할까요? 어려운 거 아니면 쉬운 거?

A: 상황에 따라 달라. 어떤 때는 쉬운 숙제 (영어 단어, 수학 연습 문제 등)를 먼저 끝내 놓고 힘든 과제(역사 과제물)와 씨름하는 게 좋아. 또 어떤 때는 어려운 과제를 먼저 하면 다른 과제들이 누워서 떡 먹기처럼 쉽게 느껴지지. 그날의 기분에 따라서 무엇을 먼저 할 건지 결정할 수 있어. 화이트보드나 수첩에 네가 어느 것을 먼저 할 것인지 각 과제물에 차례대로 번호를 적어서 순서를 정해 놓고 한 가지씩 해 나가는 거야.

과제물 추진 시간표를 활용해라

과제물 시간표는 어떤 과제를 작은 부분으로 나누고 각각의 부분별로 걸리는 시간을 정하는 시간 계획표야. 과제물 시간표를 만들면 시간에 맞춰 과제를 하기 때문에 숙제를 끝내느라 정신없이 허둥대거나 밤을 샐 필요가 없어.

과제물 시간표는 아래 그림처럼 만들면 돼.

고양이에 대한 글쓰기		
계획 세우기 →	숙제하기 →	검토하기
5분	10분	5분

위의 시간표는 글쓰기 과제 시간표야. '계획 세우기' 단계는 글에 대한 생각을 정리하는 단계, '숙제하기'는 글을 쓰는 단계, 그리고 '검토하기'는 교정을 보고 수정하는 단계야. 각각의 단계마다 얼마의 시간이 걸릴지 계획을 세우는 거야.

대체로 '계획-숙제-검토' 이 세 단계로 과제를 마무리할 수 있어. 각 단계마다 실제로 하는 일과 소요되는 시간은 과제의 종류에 따라 달라질 거야.

독서 감상문 숙제의 경우에는 책 고르기, 책 읽고 감상문 쓰기, 검토하기의 순서가 되겠지. 숙제하기 시간은 꽤 오래 걸릴 것이고 말이야.

미술 과제라면 계획 단계에 재료와 도구를 준비하면 되겠지.

수학 과제물의 경우, 계획 단계에 문제를 훑어보며 답을 어림해 볼 수도 있어.

메모지 혹은 화이트보드에 과제물 시간표를 적어 놓고 계획에 따라 과제를 마치도록 하자.

집중력을 방해하는 상황은 이렇게 해 보자

　요즘은 대부분의 학생들이 **동시에 여러 가지 일을** 하는 것 같아. 내일 볼 영어 단어 시험공부를 하면서 친구랑 전화 통화도 하고, 문자도 보내고, TV를 보고, 컴퓨터 게임도 하고, 책을 읽고, 음악을 들어.

　이렇게 많은 일을 한꺼번에 하면서 학교 공부도 잘할 수 있다면, 그건 정말 훌륭해.

그렇지만 모든 학생이 산만한 상황에서 잘 배우고 공부할 수 있는 건 아니야. 사실 대부분의 아이들은 조용한 환경에서 공부를 더 잘 한단다. 너도 그렇다고? 그럼 이렇게 해 봐.

♥ TV, 라디오, CD 플레이어와 컴퓨터(자료를 찾으려고 켜 둔 게 아니라면)는 꺼라. 그리고 휴대폰도 눈에 안 보이게 치우고. 자, 이제 너와 숙제뿐이야. 숙제를 빨리 끝내고 싶은 기분이 들 거야.

♥ 숙제하는 동안 동생들이 방해하지 못하게 해. 만약 어떻게든지 귀찮게 하면, 부모님이나 어른들께 도와 달라고 말씀드려.

♥ "방해하지 마시오."라고 써서 방문에 붙여 놔. 숙제를 하는 장소가 부엌 식탁이라면, 식탁 위에 '방해 금지' 쪽지를 올려놔.

♥ 이런저런 생각들이 머릿속에 마구 떠오를 땐('내 짝이 나를 좋아하는지 궁금해……, 오늘 점심에 내가 먹은 그 이상한 고기는 뭐였지…….' 등), 그 생각들을 억지로 털어내려고 하지 마. 대신 메모지나 포스트잇에 적어서 한쪽으로 잠시 치워 둬.

♥ 만약 숙제를 하는 곳이 시끄러우면, 헤드폰을 끼고 부드러운 음악을 들어 봐. 가요보다는 연주 음악(노랫말이 없는 음악)이 방해가 덜 될 거야.

모든 노력을 다해 봤는데도 여전히 공부를 할 수 없다면, 피곤하거나 배가 고프거나 지루해서 그럴 수도 있어. 낮잠을 자거나, 간식을 먹거나, 잠시 밖에 나가 자전거를 타 봐. 돌아오면 숙제는 여전히 그곳에서 기다리고 있을 거야.

숙제는 그래, 잠시 피한다고 해서 어디도 가지 않아.

학교 갈 준비를 위한 계획

아침마다 옷은 **입는 둥 마는 둥**, 밥은 **먹는 둥 마는 둥** 하고 뛰어나가니?

학교에 가지고 가야 하는 준비물들을 자주 **깜빡하고** 안 가지고 가니?

학교에 도착했을 때에는 이미 **기진맥진한** 상태니?

하루를 그렇게 시작해서는 안 돼.

전날 입을 옷을 미리 골라 놔

집에서 출발하기 5분 전에 줄무늬 남방이 체크 바지랑 잘 어울리지는 고민하고 있니? 아침에 그날 입을 옷을 고르다가는 지각하기 십상이야. 학교 갈 때 입을 옷은 전날 미리 골라서 옷장 제일 잘 보이는 곳에 걸어 두거나 책상 의자에 걸쳐 놔. 그리고 아침에 절대 마음을 바꾸지 마.

> 교복을 입는다면, 정말 운이 좋은 거야. 너는 교복이 촌스럽다고 생각할지 몰라도, 교복을 입으면 자기 전에 다음 날 어떤 옷을 입을까 고민할 필요는 없어지지.

전날 내일 점심을 미리 준비해

도시락을 준비해야 한다면, 자기 전에 미리 부모님께 말씀 드려. 네가 먹고 싶은 것으로. 아침에 갑자기 "오늘 도시락 싸 가야 해요." 한다면 엄마가 얼마나 당황스러우시겠니? 오후에는 오전보다 더 많은 에너지가 필요하니까 점심을 잘 먹어야 해. 튀긴 음식, 과자, 사탕, 빵이나 탄산음료는 안 돼. 그 대신 생과일 주스나 물을 마시는 것이 좋아. 인스턴트식품으로 도시락을 싸는 것은 절대 안 돼.

> **잠깐!** 요즘 대부분의 학교들이 급식 제도를 운영하고 있어. 학교 급식은 식단에 따라 나오는 음식이니 골고루 잘 먹는 게 좋겠지!

가방이야 쓰레기통이야?

점심시간이 되기 전에 너무 배가 고프다면 간단한 간식을 싸 가도록 해. 학교에서 주는 우유 급식만으로는 부족할 수도

있으니까. 그런데 중요한 건, 그날 싸 간 간식은 반드시 그 날 다 먹고 치워야 한다는 거야.

갈색으로 변한 저 정체불명의 음식물은 뭐니? 지난주에 먹다 남긴 바나나가 틀림없어. 가방 바닥에 끈적끈적하게 달라붙은 건 뭐지? 한때는 블루베리 요구르트였던 것처럼 보이는데. 곰팡이가 잔뜩 낀 요상하고 딱딱한 건? 오래된 샌드위치일지도 몰라.

쓰레기통을 뒤져서 먹니? 아마 아닐 거야.

간식을 먹고 난 쓰레기는 그 자리에서 치우고, 남긴 음식이 있다면 잘 싸서 집에 가져온 뒤, 집에 온 즉시 식탁에 꺼내 놓아야 해. 쓰레기도 가방 안에, 남긴 음식도 가방 안에 넣다가는 머지않아 네 가방은 쓰레기통이 될 거야. 가장 좋은 방법은 간식을 친구들과 나눠서 다 먹어 치우고, 쓰레기는 그 자리에서 버리는 것이지.

아침밥을 위해 일찍 잠자리에 들어

아침밥은 하루 중 가장 중요해. 실제로 그래. 아침밥을 먹는 아이들이 학교에서 공부도 더 잘해. 그러니 아침을 거르지 마. 아침밥을 제대로 먹으려면 일찍 자고 일찍 일어나야 해. 늦잠 자고 허둥지둥 등교 준비를 하다가는 아침밥은 그림의 떡이 되고 말 거야. 메뉴도 중요해. 설탕이 잔뜩 들어간 시리얼이나 빵 같은 것을 먹겠다고 엄마와 실랑이하는 것은 아니겠지? 밥, 엄마가 해 주는 밥이 최고야. 따뜻한 국과 소화가 잘 되는 밑반찬으로 건강한 식사를 하도록 하자.

필요한 것들을 미리 챙겨 현관 앞에 놓아두자

겉옷, 모자, 실내화, 책가방, 장갑, 학교 과제물 및 체육복 등 다음 날 잊어버리지 않고 가지고 가야 하는 모든 것들을 눈에 띄는 장소에 미리 내놓도록 해.

> **잠깐!** 매일 밤 자기 전에 학교 갈 준비를 미리 해 놓으면 다음 날 침착하고 자신감에 가득 찬 하루를 시작할 수 있어. 학교에 도착할 때는 좀 더 여유가 있지. 왜냐하면 필요한 것들을 모두 가지고 왔으니까 말이야.

장기 과제물 계획 세우기

　많은 학생들이 장기 과제(학교에서 수업한 주제에 대해서 어느 정도의 기간에 걸쳐 세심하게 살펴야 되는 과제)를 겁내. 하지만 부모님들이 더 두려워하지. 왜냐고? 마지막 순간에 알게 되기 때문이야.

아이: 엄마, 오늘 밤에 도서관에 데려다주실 수 있어요?

엄마: 어린이 열람실은 여섯 시면 문을 닫지 않니. 그런데, 왜 그러니?

아이: 역사 과제가 있어요.

엄마: 어떤 거?

아이: 6·25전쟁에 대한 보고서인데요, 책을 읽고 보고서를 쓰고, 지도를 그리고 전쟁터 모형과 군인 옷을 만들어 가야 해요.

엄마: 그걸 다? 세상에. 그런데 언제까지 해야 하니?

아이: 내일요. 도와주실 수 있어요?

네가 장기 과제를 제 날짜에 끝내면 너나 부모님의 생활이 훨씬 더 편해져. 여기에 방법이 있어.

1. 일찍 시작해. 마지막 날까지 미루고 질질 끌면 안 돼.

2. 플래너에 과제물 제출일을 표시해 놔. 빨간색으로 써 놓든, 빨갛게 칠해 놓든, 꽃이나 별 모양을 그리든, 제출일 주변에 화살표를 그려 놓든, 어떻게 해서든 그 날짜가 눈에 잘 띄게 만들어.

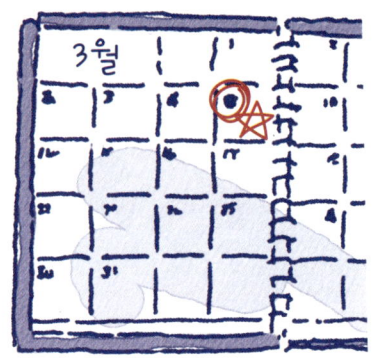

3. 과제물을 수행하기 위해 해야 하는 모든 것들을 목록으로 만들어. 처음에는 순서 걱정은 하지 마. 그냥 필요한 목록만 만들면 돼. 그리고 과제물을 세분화해. 이것이 과제를 제시간에 끝내기 위한 요령이야.

4. 세분화한 단계 중 무엇을 가장 먼저 할지 순번을 정해. 그리고 목록에 순번을 붙여.

5. 86-87페이지에 있는 장기 과제물 계획표를 복사해서 끝내야 하는 단계와 끝내는 날짜를 적어. 과제물 계획표의 일일 기록란에 매일 할 일, 즉 그날 할 단계를 설명해서 적어. 88-89페이지에 예시로 나와 있는 과제물 계획표를 참고하도록 해.

6. 플래너에도 그날 할 과제 단계를 기록해. 그러면 다른 일정과 언제 어떻게 겹치는지 알 수 있어.

7. 한 가지 일을 끝내는 데 시간이 얼마나 걸릴지 계산해. 플래너에 그 시간을 적어.

예: 너는 도서관에서 필요한 책을 찾는 데 2시간이 걸릴 거라고 예상해. 그렇다면 화요일과 수요일의 학교 숙제 계획에 그 시간을 추가하는 거야.

> **잠깐!** 실제로 걸릴 것이라고 예상되는 시간보다 시간을 더 많이 잡아 놓는 것이 좋아. 늦을까 봐 안달하는 것보다 그렇게 하면 과제를 일찍 끝냈을 때 축하를 하거나 쉴 시간이 더 많이 생겨.

8. 계획을 꼭 지켜. 하루를 아무것도 안 하고 그냥 보냈다면, 다음 날 바로 다시 과제를 시작해.

9. 1번을 다시 봐. 미루지 마. 과제의 최종 목표를 향해 그날그날 정해진 단계에 집중해. 그리고 각 단계마다 쉬는 시간을 가져. 단계를 꾸준히 이행하면 과제물은 끝이 날 거야.

처음 한두 번 장기 과제물 계획표를 만들 때는 정리하고 분류해야 할 것들이 무척 많을 거야. 어른들에게 도움을 청해. 마지막까지 과제 때문에 쫓긴 경험이 있는 부모님이라면 기꺼이 너를 도와줄 거야. 왜 제 날짜에 과제물을 내지 못했는지 길고 지루한 변명을 들어 본 적이 있는 선생님도 기쁜 마음으로 너를 도와줄 거야.

장기 과제물 계획표

과제: _____   받은 날: _____

첨부물: _____

첨부물: _____

과제물 및 첨부물을 완성하는 데 얼마나 걸릴까? _____ 일

완성까지의 단계:	단계 완료 시기:
1.	
2.	
3.	
4.	
5.	
6.	

	월요일	화요일	수요일
1주			
2주			
3주			

제출일: _____   제출일까지 남은 날: _____

관련 메모:

목요일	금요일	토요일	일요일

장기 과제물 계획표

과제: 6·25전쟁에 관한 보고서   받은 날: 10월 3일

첨부물: 지도, 표, 그림

첨부물: 그 시대의 복장

과제물 및 첨부물을 완성하는 데 얼마나 걸릴까? 17 일

완성까지의 단계:	단계 완료 시기:
1. 책 찾기	10월 5일
2. 자료 메모	10월 9일
3. 개요 작성	10월 11일
4. 보고서 쓰기	10월 16일
5. 지도, 표 등 찾기	10월 18일
6. 그 시대의 옷 만들기	10월 20일

	월요일	화요일	수요일
1주	10/3 과제 받음	10/4 도서관 자료 수집	10/5 도서관 자료 수집
2주	10/10 개요 작성 시작	10/11 개요 작성 마무리	10/12 보고서 작성 옷 만들기
3주	10/17 최종 보고서 완성	10/18 지도 완성	10/19 옷 만들기

제출일: 10월 21일   제출일까지 남은 날: 18일

관련 메모:

매주 금요일 도서관 일찍 문 닫음

목요일	금요일	토요일	일요일
10/6 자료 메모, 옷 만들기 시작	10/7 자료 메모	10/8 자료 메모	10/9 자료 메모 마무리
10/13 보고서 작성	10/14 보고서 초안 완성	10/15 최종 보고서 작성	10/16 첨부물 작업; 지도 등
10/20 옷 만들기 완성	10/21 보고서 제출	축하!!	

효과적인 학습을 위한 전략들

계획표를 만들고, 시간도 모두 확보했다면 학교 수업을 위한 **준비**를 해 보자. 효과적으로 수업을 듣는 데에 도움이 되는 몇 가지 요령을 알려 줄게.

수업 시간에 노트 필기를 꼼꼼히 할 것

필기를 잘하기 위해서는 특별한 노트가 필요해. 특별한 노트라면 구하기 힘든 거 아니냐고? 평범한 줄 노트, 자, 그리고 빨간 펜만 있으면 혼자서도 금방 만들 수 있으니까 걱정하지 마.

그림처럼 노트 왼쪽에서 5센티 정도 띄어서 빨간 펜으로 위에서 아래까지 쭉 세로줄을 그어. 이런 식으로 10장(혹은 그 이상) 만들어서 바인더 맨 앞에 끼워.

수업 내용은 **넓은 오른쪽 칸에** 짧은 문장으로 기록해.(맞춤법이나 문장 부호는 걱정하지 마. 너 혼자만 보는 노트니까.)

왼쪽 좁은 칸에는 수업 시간에 선생님이 제일 중요하다고 강조한 주제어, 예를 들면 사람, 장소, 날짜나 핵심 개념 등을 적어.

○	
이동 수단의 발달	오늘날 이동 수단은 ~ 어쩌고저쩌고
이동 목적: 사람, 물건	사람을 실어 나르는 이동 수단은 어쩌고저쩌고
주변 환경: 도시, 바다, 산지	주변의 환경에 따라 이동 수단은 달라져서, 어쩌고저쩌고
○	
○	

선생님이 "이건 중요해.", "이건 꼭 기억해라." 혹은 "잘 들어.", "이 부분은 시험에 나올 거야."라고 **강조하면** 그 내용에 별표를 해.

수업 시간에 선생님에게 집중해야 하겠지?

선생님이 칠판에 **적는** 내용도 노트에 추가로 적어.
선생님이 **반복해서** 말하는 내용도 역시 노트에 적어.

나중에 숙제를 할 때, 노트를 꼼꼼히 살펴봐. 헷갈리거나 뒤죽박죽 적은 것은 다시 정리해서 적어 놔. 주제어는 반드시 왼쪽 칸에 써. 핵심 개념을 기억하기 위해 필요하다면 새로운 주제어를 추가해. 주제어는 색연필로 밑줄을 그어.

이런 노트 필기 방법은 혼자서 책을 읽거나 공부를 할 때도 이용할 수 있어.

노트 필기를 위한 두 가지 팁

- ♥ **한 줄씩 띄어서 쓰자**
  이렇게 해 두면, 내용 설명을 위해 나중에 추가로 필기해야 하는 경우 무척 유용해.

- ♥ **종이 한쪽 면만 사용해라**
  때때로 뒷장에 적어 놓은 것을 보지 못할 때가 있어. 뒷장에 뭔가 적어 놓은 것을 까맣게 잊을 때가 많거든. 뒷면은 나중에 다른 용도로 사용하면 돼.

*노트에 적은 내용을 완전히 이해하지 못하겠다면, 다음 날 학교에 가서 선생님에게 여쭤 봐. 절대 시험 전날 밤에 알아낼 수 있을 거라고 생각하지 마.

쪽지와 플래시 카드를 이용해

주제어나 공식들을 쪽지에 적어. 플래시 카드를 이용해서 기억력을 테스트해. 특히 수학, 국어, 영어 등.

쪽지와 플래시 카드를 주머니나 가방에 넣고 다녀. 시간이 날 때마다(예를 들어 버스를 기다리거나 줄을 서서 기다리는 동안) 잠깐씩 꺼내 봐.

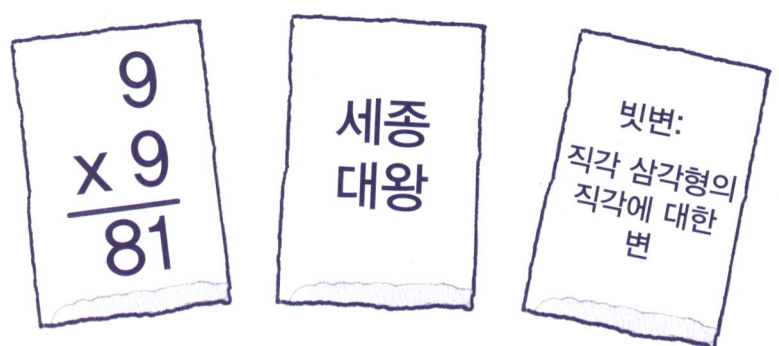

훑고, 줄 긋고, 읽고, 요약하기

글을 읽기 전에 우선 일단 **훑어봐**. 페이지를 획획 넘기면서 각 단락의 주제 문장(첫 문장)만 읽어. 그림을 보고 그림에 대한 설명을 읽어. 글의 요지가 뭐라고 생각하니?

네 책이면 핵심 용어에 **밑줄**을 그어. 네 책이 아니면, 핵심 용어를 쪽지에 적어.

다음으로, 글을 주의 깊게 **정독*해**. 이미 일단 훑어보았기 때문에 이해하기가 더 쉬울 거야. 마지막으로 읽은 내용을 공책이나 작은 수첩에 **요약해서 정리해**.

***정독**이란 글의 뜻을 새기면서 자세히 읽는 것을 말해.

잠깐 주목!

매주 한 번씩 책상, 사물함, 책가방, 숙제하는 장소와 침대 밑을 확인해. 도서관에서 빌린 책이 있을지도 몰라. 반납일이 언제인지 확인하고 제 날짜에 꼭 반납해.

도서관에 있는 책은 모두가 공동으로 사용하는 거야. 그러니 혼자만 독차지하지 마. 필요한 기간만큼만 빌려서 봐. 그리고 빌려서 보는 동안 조심해서 깨끗하게 봐.

도서관의 책뿐만 아니라 책상, 사물함 그리고 어떤 경우에는 교과서도 모두 학교의 자산이야. 너 개인의 소유물이 아니라, 다음 사람이 오기 전까지 그냥 빌려서 사용하고 있는 것뿐이지.

암기의 요령을 개발하기

노트 필기도 깨끗이 했고, 요약 정리도 잘 해 두었다면, 그것들을 머릿속에 기억하는 일만 남겠지. 그러기 위해서는 너 만의 암기 비법을 개발하는 것이 필요해.

키워드의 첫 글자를 따서 너만의 단어를 만들어 봐

요즈음 인터넷이나 친구들 사이에서는 줄임말이 유행이잖아. '생일 선물'을 '생선'이라고 하거나, '수학 익힘책'을 '수익', '가정통신문'을 '가통'이라고 하는 것 말이야. 그런 말들은 언어 습관을 해치고 올바른 맞춤법을 배우는 데에 지장이 있다고 못 쓰게 하는 경우도 있어. 그렇지만 나만의 암기 비법을 만드는 데에는 유용한 방법이지. 외우기 힘든 문장이나, 쉽게 까먹는 단어들은 그렇게 줄여서 기억해 봐. 더 쉽게 기억이 날 거야. 어쩌면 단어의 줄임말을 만들어 보는 동안 그 단어가 저절로 외워질지도 모르지.

말도 안 되는 문장을 만들어 봐

세종 대왕의 업적을 세 가지 이상 쓰라는 문제가 나왔어. 세종 대왕 하면 떠오르는 게 무엇인지 한번 생각나는 대로 말해 볼까? "한글을 만들었고, 과학자들과 함께 해시계(앙부일구), 물시계(자격루), 측우기도 발명했고, 농민들을 위해서 '농사직설'이라는 책을 편찬하고, 지리책인 '팔도지리지'도 편찬하였고……." 이걸 문장으로 만드는 거야.

"세종 대왕은 힘들게 일하는 농부가 측우(측은)하여 앙부(안부)를 물으며 농사를 잘 지으라고 직설적으로 말했더니, 농부는 일 안 하면 밥 먹을 자격도 없다면서 힘들어서 팔도 저리지 그랬다."

유치하고 말도 안 되게 보여도, 이런 문장이 시험 시간에 희망의 빛이 될 수도 있어!

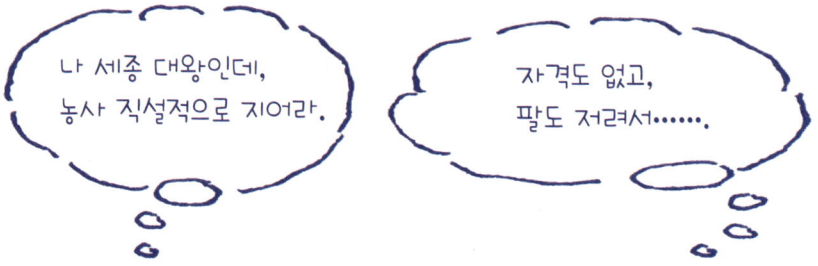

손발이 오글거리고 얼굴이 화끈거린다고? 밖에 나가서 이렇게 말하라는 게 아니야. 혼자 공부할 때에는 이런 방법이 분명히 도움이 될 거야. 이외에도 웃기고 재미있는 방법들을 자꾸 개발해 봐.

신발 속에 구슬을 넣어

화요일과 목요일에는 학교에 체육복을 가져가야 하는데 맨날 까먹고 안 가지고 가니? 월요일과 금요일에는 집 열쇠를 챙겨야 하는데 잊고 안 가져가서 학교에서 돌아왔을 때 집에 못 들어가니? 매일 반복되지 않고 어쩌다 한 번씩 해야 하는 일은 기억하기 힘들어.

어쩌다 한 번씩 있는 그런 일을 기억하는 좋은 방법이 있어.

전날 밤, 구슬(또는 돌이나 작지만 딱딱한 것)을 신발 속에 넣어 둬. 신발을 신을 때, 발에 뭔가 밟히는 것이 느껴질 테고 "아하, 기억해야 될 게 있었지?" 하고 머릿속에 그 일이 떠오르게 될 거야.

이렇게 하면 내일 학교 열쇠 가져가야 하는 걸 절대 잊지 않을 거야.

소리를 내라

학습하고 있는 내용을 크게 소리 내서 말해 봐. 단순히 눈으로만 **보는**(읽는) 대신, 목소리를 **듣고** 입이 만들어 내는 소리를 **느끼는** 거야. 학습하는 동안 더 많은 감각을 사용할수록 내용을 더 쉽게 기억하게 돼.

리듬을 넣거나 노래로 만들어라

여러 개를 한 묶음으로 외워야 할 게 있다면 아예 노래 가사로 만들어 봐. 조선 시대에 만들어진 문화재를 외워야 한다면 '학교 종이 땡땡땡' 같은 쉬운 노래에 가사로 붙여서 여러 번 부르다 보면 저절로 입술 끝에 익혀질 거야.

하나의 단위로 모아서 외워

2125553982나 4045551509처럼 숫자가 길게 늘어져 있으면 우리 집 전화번호(혹은 친구의 휴대폰 번호)라도 아마 기억하기 어려울 거야. 늘어선 숫자들을 작은 단위로 나눠.

단위로 모으기: 212-555-3982, 404-555-1509. 어떤 숫자든 이렇게 해서 기억할 수 있어. 단어도 이렇게 할 수 있어. 한번 해 봐.

연관을 지어

기존 지식과 새로운 정보를 창의적인 방법으로 연관 지어.

예: 이탈리아라는 나라가 있다는 것은 이미 알고 있을 거야. 이제 이탈리아 옆에 있는 섬의 이름을 기억해야 해. 이름이 사르데냐야. 이탈리아 피자에서 사르르 녹아 떨어져 나온 치즈를 떠올려 봐.

정리된 상태 유지하기

매일 아침, 알림장을 다시 한 번 봐. 하루를 시작할 준비가 되었니?

학교에 가기 전, 오늘 필요한 것들을 다 챙겼는지 확인해. 책가방? 바인더? 숙제? 부모님 확인? 실내화? 특별 과제물? 기타 준비물?

학교에서, 숙제 체크 리스트에 과제물을 적어. 플래너에 제출일, 시험 날짜를 기록해.

집에 오기 전, 숙제할 때 필요한 것들을 다 챙겼는지 확인해. 통신문? 교과서? 익힘책? 공책? 기타 필요한 것?

집에서, 숙제를 최대한 계획한 시간에 맞춰서 해. 언제나 예정에 없던 일이 생기곤 하지만, 생활 계획표에서 너무 많이 벗어나지는 않도록 해.

매일 밤 잠자리에 들기 전에, 플래너를 확인해. 내일을 위한 준비가 다 됐니?

매일 밤 잠자리에 들기 전에, 다음 날 학교에 가지고 가야 하는 것들을 챙겨서 모두 한자리에 놓아둬. 책상 위도 좋고, 거실 탁자도 좋아. 매일 같은 장소에 두는 게 중요해.

정리를 하는 것은 정말 가치 있는 일일까?

어쩌면 이런 생각이 들지도 몰라. 책상, 사물함, 책가방, 바인더를 깨끗이 청소하고 정리할 가치가 있을까? 꼭 일정표를 사용하고 여러 가지 계획표를 만들어야 할까? 그렇게 하려면 시간과 노력이 너무 많이 들지 않을까?

물론 처음에는 그렇겠지. 하지만 일단 정리하는 습관을 들이면 훨씬 수월해질 거야. 그러고 나면 전에는 왜 책상이 난장판이었고 사물함은 뒤죽박죽이었으며, 책가방 속은 어째서 블랙홀 같았는지 너 자신도 이해할 수 없을 거야. 정리의 성과를 한 가지 말해 볼까?

선생님은 정리를 위한 너의 노력을 금방 알아챌 거야. 깨끗해진 책상과 제시간에 제출한 깔끔한 과제물의 진가를 인정해 주겠지. 이 모든 게 성적을 향상시키는 데 도움이 돼.

학교 친구들도 금방 알아볼 거야. 친구들은 더 이상 돼지우리 같지 않은, 정돈된 네 책상을 보고 부러워할 거야. 너에게 조언을 구할지도 몰라.

가족들은 새롭게 개선된 네 모습에 감사할 거야. 학교에서 깨끗하게 정리하는 너의 습관이 집으로까지 이어질지 누가 알아? 아마 네 방 청소도 하기 시작하겠지.

그렇지만 무엇보다 **네 스스로** 자신이 더 나아졌다는 기분이 들 거야. 그리고 상상했던 것 이상의 자유 시간도 갖게 될 거야.

전문가들은 정리를 안 하는 사람들은 물건을 찾느라, 잡동사니와 씨름하느라, 그리고 일을 질질 끌면서 **매일 하루에 한두 시간은** 낭비한다고 말해.

매일 하루에 한두 시간이면 **일주일에** 일곱에서 열네 시간이야. 일 년이면 **수백** 시간이지.

Q: 그 많은 여유 시간에 무엇을 해야 할까요?

A: 네가 하고 싶은 것 아무거나!

학부모와 선생님에게 드리는 글

　오늘날 학교는 경쟁이 매우 심합니다. 정리와 계획 세우기에 미숙한 아이들은 자신의 능력을 보여 줄 기회를 얻기도 전에 실패할 위험이 있지요. 시험 날짜를 까먹은 아이에게 시험을 못 봤다는 이유만으로 나무랄 수는 없습니다. 숙제를 깜빡 잊어버려서 과제물 점수가 빵점이라면 너무 억울합니다.

자녀를 정리 잘하는 아이로 만들고 싶은 부모님은 이렇게 해 보세요.

♥ 천천히 시작하세요. 한 번에 한 문제에만 집중하세요.

♥ 물건 관리에서부터 시작하세요. 종이를 적절한 파일에 끼워 정리하고 책상 위에 널브러진 학용품들을 깨끗하게 정리하는 일은 꽤 빨리 끝낼 수 있습니다. 확실한 결과가 눈에 보이기 때문에 아이에게 동기 부여가 됩니다.

♥ 아이와 함께 학용품을 구입하십시오. 어떤 것을 선택해야 하는지 설명해 주세요.

♥ 집 안에 아이가 공부할 수 있는 적당한 장소를 반드시 만들어 주세요. 조용하고, 밝고, 학용품과 필요한 여러 가지 도구들이 준비된 곳 말입니다.

♥ 아이가 공부할 수 있는 가장 좋은 시간을 아이와 함께 정하세요. 학습 시간은 매일 같은 시간이면 좋습니다.

♥ 학교 숙제가 없는 날에도 아이가 반드시 공부를 하거나 책을 읽게 하세요.

- 아이가 자신에게 잘 맞는 책가방을 가지고 다니게 하세요. 매일 밤 아이가 책가방 정리하는 것을 도와주세요.

- 아이와 함께 알림장을 살펴보는 시간을 가지세요. 알림장을 어떻게 사용하는지 확인해 보고, 필기를 잘 해 오는지 매일 확인하세요.

- 문제가 발견되면 담임 선생님과 의논하십시오. 선생님과 친해지세요. 담임 선생님과의 우호적이고 협력적인 관계는 아이가 훌륭한 성과를 올리게 합니다.

- 집에서 정리하는 행동을 먼저 보여 주세요.

선생님이라면, 이런 시도를 한번 해 보세요.

- 일주일에 한 번 교실 청소 시간을 만드세요. 학생들에게 책상과 사물함을 정리하게 유도하십시오. 쓰레기는 버리고 철하지 않은 종이는 집으로 가져가거나 파일 철에 보관하게 하세요.

- 책임감 있는 학생에게는 만약 여분이 있다면 무거운 교과서 대신 복사본을 집으로 가져가게 허락하십시오.

- 일정표 사용법을 가르쳐 주세요. 학생들이 매일 일정표를 적을 수 있게 도와주십시오. 학생들이 일정표를 잘 쓸 줄 알게 될 때까지 집에 가기 전에 매일 확인합니다.

- 학생들이 숙제 보관용 파일을 사용하고 있다면, 가방이나 책상 속에 쑤셔 넣는 대신 폴더에 숙제를 잘 넣는지 확인해 주세요.

● 장기 과제물에는 중간 마감일을 주세요. 고학년들도 경험이 쌓이기 전까지는 시간을 규모 있게 쓰지 못합니다.

● 정리하는 본보기를 보여 주세요. 늘 책상을 잘 정리하고 각종 프린트들은 파일에 넣어 보관해 주세요.

● 특별히 산만하고 정신없어 보이는 아이들은 부모님과 상담하십시오. 부모나 다른 어른들이 집에서 정리하는 본보기를 보이지 않을 가능성이 있습니다. 의외로 많은 어른들이 정리에 문제가 있거든요.

아이들이 정리를 하게 도움을 주는 것과 아이들을 위해 정리를 해 주는 것은 천지 차이입니다. 전자는 생활 기능을 가르치는 것이며, 후자는 의존도를 늘리는 것이죠.

이것을 기억하세요. **아이들 스스로 정리할 수 있는 힘을 키워 주세요.**

● 아이의 나이에 어울리는 기대를 하십시오.

● 아이가 실수를 하더라도 탓하지 말고 체벌하지 마십시오. 실수들은 배움의 기회를 더 강하게 만듭니다.

● 활동적인 놀이 시간을 많이 허용하십시오. 신체 활동은, 특히 산만하고 정신없는 경향이 있는 아이들에게 매우 중요합니다.

마지막으로 '화내지' 말라는 말을 기억하세요. 아이들은 역시 아이들다워야 합니다. 아이들은 어지르기도 하고, 지각을 하기도 하고 또 정리를 안 할 때도 있을 것입니다. 완벽하기를 기대하지 말고 인내심을 가지세요.

정리하는 재주를 가지고 태어나는 아이들도 있습니다. 하지만 많은 아이들이 그렇지 못하며, 내 아이도 그랬습니다. 모든 게 하루아침에 변하는 것은 아니었습니다.

내가 내 아이에게 가르친 전략과 기술(모두 이 책에 나와 있어요.)이 이제 그 결실을 맺고 있습니다. 성적은 향상되었고, 숙제는 항상 제시간에 끝내죠. 아들은 행복하고 독립적이며 자신감 있는 아이가 되었습니다. 우리 부모들과 선생님들이 그 이상 무엇을 바라겠어요.

좋은꿈 – 좋은꿈아이 시리즈
초등 저학년이 읽어요

01
떼구루루~돌고 도는 100원의 행복
이상배 글 | 조혜진 그림

떼구루루는 100원짜리 동전이에요. 작고 하찮게 보이지만 큰 꿈을 가지고 있답니다. 아주 작은 행복의 씨앗이 어떻게 큰 행복으로 자라나는지, 하찮은 것이 얼마나 소중한 가치를 지니고 있는지 알게 될 거예요.   *2014 세종도서 문학나눔 선정 *아침독서 추천도서
*(사)독서새물결 독서대회 추천도서 *국립어린이청소년도서관 추천도서

173×234mm | 96쪽 | 10,000원

02
공룡 사냥에서 수학찾기
이주항 글 | 이주희 그림

수학은 교과서 안에만 있는 게 아니에요. 아빠 엄마의 얼굴에, 생일 케이크에, 콩쥐네 집 뒷산에, 그리고 원시인 아빠의 공룡 사냥에도 수학이 있어요. 세상 속에 숨어 있는 수학을 찾아 떠나는 신나는 여행!

*국립어린이청소년도서관 추천도서

173×234mm | 104쪽 | 10,000원

03
꿈꾸는 칭찬나무
류근원 글 | 이규경 그림

피에로 교장 선생님이 이상한 나무를 만들었어요. 바로 꿈꾸는 칭찬나무예요. 누구를 칭찬할까? 칭찬을 하면 어떤 기분일까? 칭찬을 받으면 내 마음은 어떻게 변할까? 칭찬나무에 칭찬 열매가 하나 둘 늘어나고 있어요. 곧 우리들 마음속에도 칭찬 열매가 주렁주렁 열리겠지요.

173×234mm | 100쪽 | 10,000원